EXPOSITION
FRANCO-BRITANNIQUE
DE LONDRES 1908

SECTION FRANÇAISE

RAPPORT

Exposition Franco-Britannique de Londres 1908

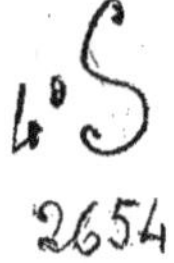

ONDRES·1908·
EXPOSITION
FRANCO-B

EXPOSITION
FRANCO-BRITANNIQUE
DE LONDRES 1908

SECTION FRANÇAISE

CLASSE 91

RAPPORT

PAR

M. Jules CAHEN
de la Maison BRAUNSTEIN Frères
Conseiller du Commerce Extérieur de la France

PARIS
COMITÉ FRANÇAIS DES EXPOSITIONS A L'ÉTRANGER
Bourse du Commerce, rue du Louvre
1909

M. VERMOT, ÉDITEUR

GROUPE XIV

CLASSE 91

TABACS ET INDUSTRIES QUI S'Y RATTACHENT

Comité d'admission et d'installation

Président :

M. WEIL D., Conseiller du Commerce extérieur de la France, Président de la Chambre Syndicale du Tabac et des Industries qui s'y rattachent, 22, rue Richer, à Paris.

Vice-Présidents :

ABADIE Michel, Administrateur-Délégué de la Société Anonyme des Papiers Abadie, 153, avenue Malakoff, à Paris.

MELIA M., fabricant de Tabacs, à Alger.

Secrétaire-Trésorier :

CAHEN Jules, de la Maison BRAUNSTEIN et Cie, Conseiller du Commerce extérieur de la France, 83, boulevard Exelmans, à Paris.

Membres :

BASTOS J., Fabricant de Tabacs, à Oran (Algérie).

BRAUNSTEIN Jacques, Fabricant de Papiers à cigarettes (Maison BRAUNSTEIN ET Cie), 83, boulevard Exelmans, à Paris.

HATTERER E., Fabricant de Papiers à cigarettes, 109, rue de Reuilly, à Paris.

Membres du Jury

Pour la France :

CAHEN Jules, Juré titulaire;
CALVET Antoine, Juré titulaire;
BASTOS J., Juré suppléant.

Pour l'Angleterre :

EVANS JACKSON J.-E., Juré titulaire;
DEXTER A.-H., Juré titulaire;
HUGH KNIGHT, Juré suppléant.

Le Bureau du Jury International s'est constitué comme suit :

EVANS JACKSON J.-E., *Président;*
CAHEN Jules, *Vice-Président;*
BASTOS J., *Secrétaire.*

Liste des Exposants Français de la Classe 91

BARDOU Eugène ET Cie, Papiers à cigarettes, à Perpignan.
BARDOU-JOB ET PAUILHAC, Papiers à cigarettes, à Toulouse.
BASTOS J., Cigarettes, à Oran.
BRAUNSTEIN ET Cie, Papiers à cigarettes, à Paris.
BROUSSAUD E. ET A. BONFILS, Papiers à cigarettes, à Angoulême.
CHAMBON Louis, Ingénieur mécanicien, à Paris.
CHAMBRE SYNDICALE DU TABAC ET DES INDUSTRIES QUI S'Y RATTACHENT, à Paris.
HATTERER Edmond, Papiers à cigarettes, à Paris.
JEANTET-DAVID, Pipes, à Saint-Claude.
SOCIÉTÉ ANONYME DES PAPIERS ABADIE, à Paris.
WEIL Daniel, Machines à Cigarettes, à Paris.
WEIL Robert, Pipes, à Paris.
RÉGIE FRANÇAISE, Cigarettes et Tabacs, à Paris.
SOCIÉTÉ PHOTOGRAPHIQUE, Photographies, à Paris.

Liste des Exposants Britanniques de la Classe 91

ARDULLA & Co LTD, Cigarettes, à Londres.
ARDATH TOBACCO Co LTD, Cigarettes, à Londres.
BURT & Co, Cigarettes, à Londres.
DEPARTMENT OF AGRICULTURE, Tabacs en feuilles, South Australia.
GODFREY PHILIPPS & SONS, Tabacs et Cigarettes, à Londres.
DRAPKIN (MAJOR) & Co, Tabacs et Cigarettes, à Londres.
MALCAJIK CIGARETTE Co, Cigarettes, à Londres.
MOUSTAFA & Co LTD, Cigarettes, à Londres.
MAC DOWELL & Co, Cigarettes, à Madras.
MURATTI B. SONS & Co LTD, Cigarettes, à Manchester.
NEW NORCIA MISSION, Tabac à priser, Western Australia.
SADLER & MOORE, Tabac à priser, à Londres.
SCOTT & Co, Tabac à priser, à Rangoon.
SPENCER & Co, Cigares, à Madras.
WALTHALL E., Cigares, à Brisbane.
WHOLESALE COOPERATIVE STY LTD, Cigarettes, à Manchester.

Classe 91.

Tabacs et Industries qui s'y rattachent.

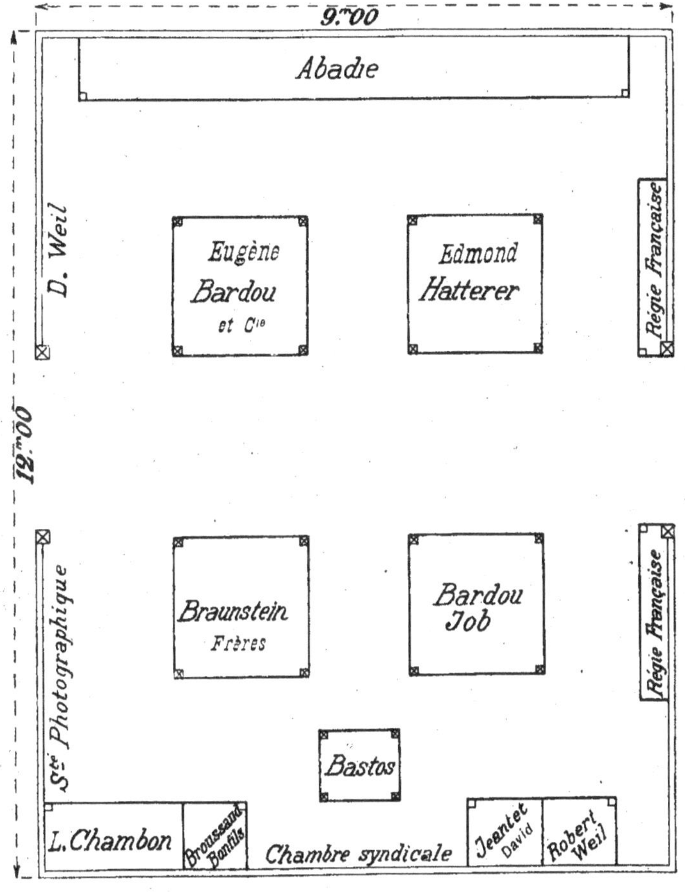

HISTORIQUE

La Classe 91 française couvrait, dans la Galerie des Machines, un espace de 12 mètres de long sur 9 de large, soit 108 mètres de superficie. Cette salle un peu exiguë était élégamment décorée et garnie de vitrines acajou et bronze du plus heureux effet. Ainsi qu'on peut le voir sur le plan ci-contre, la plus grande partie était occupée par les fabricants de papier à cigarettes. Ici, comme à Saint-Louis, comme à Liège, ils avaient fait un effort considérable, mais proportionné à l'importance de cette industrie.

Les Exposants britanniques étaient disséminés dans les jardins et dans les Palais coloniaux. Les maisons anglaises rivalisaient de luxe et d'originalité. Les unes vendaient leurs produits exposés dans des kiosques de style moderne ou oriental. Les autres avaient établi dans de vastes pavillons des fabriques entières où l'on voyait des plants de tabac, des balles de feuilles comprimées, telles qu'elles sont importées, et dont la transformation en tabac à fumer, puis en cigarettes, s'opérait sous les yeux du public.

Les Anglais n'exposaient pas de papier à cigarettes. En effet, cette industrie, introduite d'Espagne dans le midi de la France dans les premières années du XIXe siècle, est une industrie bien française. Ce papier se faisait à la forme, c'est-à-dire qu'on versait la pâte à papier dans un tamis rectangulaire que l'on secouait vivement pour faire écouler une partie de l'excès d'eau. Ensuite, on laissait sécher à l'air, et, quand l'humidité avait disparu, on avait obtenu une feuille d'un papier assez grossier. Ces feuilles se vendaient telles quelles, et le fumeur en découpait la portion nécessaire à la confection d'une cigarette au fur et à mesure de ses besoins. Bientôt, on fabriqua le papier à cigarettes mécaniquement et d'une épaisseur bien moindre. Comme il était malaisé de manier de grandes feuilles de papier mince, on eut l'idée de découper ce papier en petites feuilles d'environ 7 centimètres de long sur 4 centimètres de large et de les relier dans une couverture en papier fort. Le cahier de papier à cigarettes ainsi préparé se répandit rapidement dans le midi de la France, puis dans le Centre, et de Paris gagna le Nord. Bientôt s'établirent de nombreux fabricants de cahiers de papier à cigarettes qui, pour la plupart, achetaient le papier et confectionnaient les cahiers auxquels, pour les distinguer, ils donnèrent les noms les plus variés. Il est intéressant de consulter les registres des Dépôts de Marques depuis 1858, date à laquelle fut déposée la première marque de Cahier de papier à cigarettes. On y trouve les faits saillants de l'histoire contemporaine, les noms des personnages célèbres ou d'actualité, la géographie représentée par la nomenclature des principaux pays et des principales villes du monde, la botanique par toute une collection de plantes d'utilité ou d'agrément, de fleurs et de fruits, la zoologie par une variété d'animaux de tous les points du globe. On y trouve les pièces en vogue et les panacées à la mode. Voici un petit extrait qui donne une idée assez exacte de la façon dont on pourrait reconstituer l'histoire des cinquante années qui se sont écoulées depuis le premier dépôt jusqu'à ce jour.

1859. L'Impérial.
— Marengo.
— Gérard à l'affût du lion.
— Un vrai zouzou.
— Franco-sarde.
— Garibaldi.
— La France libératrice à l'armée d'Italie.
1860. Le Petit Savoyard, souvenir de l'annexion.
— L'Impératrice Eugénie.
1861. L'Algérien.
— Le vrai Africain.
1862. Le Polonais.
1862. Les Faucheurs Polonais.
1864. Empire Mexicain.
1865. Lincoln.
1866. Sadowa.
— Fusil à aiguille.
1867. Chassepot.
— Bis-marque.
— Le Mobile.
1868. La Lanterne.
— Rochefort.
1870. La Marseillaise.
— Le Chant du Départ.
— Les Girondins.
— La Parisienne.

1870. La Cocarde nationale.
— La République Française.
— La Liberté.
— Les Dernières Cartouches.
— Le Quatre-Septembre.
1871. Gambetta.
1872. L'Emprunt.
1873. Armes d'Alsace-Lorraine.
— La Lorraine.
— L'Alsace-Lorraine.
— L'Alsace.
1878. Exposition de 1878.
1879. Dorobantul. Indépendance de la Roumanie.
1881. Les Khroumirs.
1885. Riz du Tonkin.
— Gordon Memorial.
— Le Lion des Balkans.
— Slivnitza 15-11-85.
— Unité bulgaro-rouméliote.
1887. Boulanger.
1889. La Ligue des Patriotes.
— Exposition de 1889.
1889. La Tour Eiffel.
— Le Carnot.
1891. Koch.
— Exposition de Moscou.
— Alliance Franco-Russe.
1891. Cronstadt.
— Toulon-Cronstadt.
1898. Drumont.
— Zola.
— Le Lieutenant-Colonel Picquart.
1899. Fachoda.
— Vive l'Armée.
1900. Boer.
1902. Santos-Dumont.
— Teuf-teuf.
1903. Maroc.
— Japon.
1904. Radium.
1905. Port-Arthur.
1906. La Semeuse.
1907. Duma.

Le papier à cigarettes se vendait également en rames sur lesquelles on imprimait une marque et que les fabricants découpaient pour confectionner à la main les cigarettes. Puis vint la machine à cigarettes, qui amena la création de la bobine de papier. Ces machines firent d'abord 10,000, puis 15,000 cigarettes par journée de travail, puis, grâce à des perfectionnements successifs, leur production s'accrut considérablement, et, aujourd'hui, les machines à grande vitesse ne fournissent pas moins de 30,000 cigarettes à l'heure. L'usage de la cigarette, devenu universel, augmente chaque jour et nécessite une quantité de papier si considérable que cet article est devenu un de nos principaux objets d'exportation.

L'Empire britannique est un de nos acheteurs les plus considérables aussi bien des cahiers que des papiers en rames et en bobines destinés à la confection des cigarettes, et l'imposante manifestation faite par les fabricants français ne peut que contribuer à augmenter encore l'importance de cette clientèle.

DESCRIPTION DE L'EXPOSITION

FRANCE

HORS CONCOURS

BARDOU-JOB ET PAUILHAC

à Toulouse

Dans leur vitrine disposée avec un goût exquis exposent du papier en bobines pour la fabrication mécanique des cigarettes, en rames, et surtout en cahiers, le célèbre cahier « Job », dont l'historique est fort intéressant. C'est en 1838 que Jean Bardou, de Perpignan, eut l'idée de substituer, pour l'usage particulier des fumeurs français, aux papiers à cigarettes demi-collés, épais et rugueux, de provenance espagnole, des feuillets de papier fin, non collé, reliés dans un livret fermé d'un lien rose. Sur ce livret de papier noir où des arabesques dorées encadraient ses initiales séparées par un losange d'égale dimension (J◇B.), les fumeurs voulurent lire le mot Job, et baptisèrent ainsi une des plus anciennes marques françaises de papier à cigarettes. La marque se répandit rapidement, et la consommation de ce papier s'accrut de telle façon que l'usine de la Moulasse, près Saint-Girons (Ariège), où fonctionnaient deux, puis trois machines à papier, va voir installer bientôt une quatrième machine. La force motrice est fournie par l'eau de la rivière « le Salat », mais, pour l'alimentation des machines à papier comme pour la préparation des pâtes, on emploie exclusivement l'eau de source. La maison Bardou-Job fabrique également des « tubes Job » à Perpignan et à Vienne (Autriche), et des « cigarettes Job » à Alger, à Bruxelles, à Strasbourg et à Londres.

Le nombre des employés, ouvriers et ouvrières qu'elle occupe actuellement est de 615, dont 105 à Toulouse, 190 à la Moulasse, et 320 à Perpignan.

La Société Bardou-Job et Pauilhac a été hors concours, Membre du Jury aux Expositions universelles de Paris en 1889 et 1900. M. Justin Bardou-Job, en 1900, et M. Antoine Calvet, en 1908, ont été nommés Chevaliers de la Légion d'Honneur.

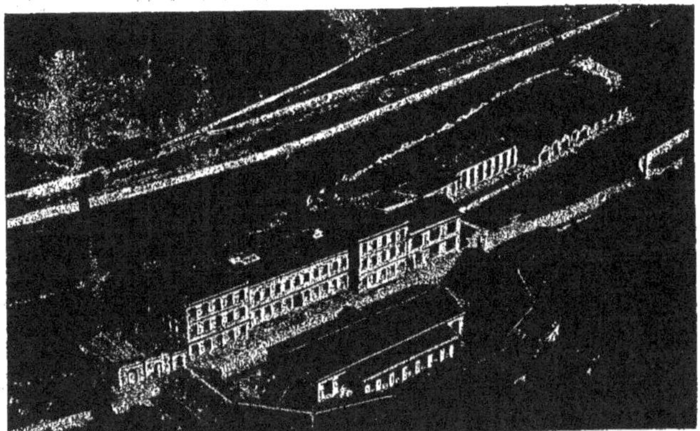

Usine de la Moulasse, près Saint-Girons (Ariège).

BRAUNSTEIN FRÈRES

(BRAUNSTEIN & Cie)

à Paris

Exposent des cahiers de papier à cigarettes de diverses marques, et notamment le « Zig-Zag », des papiers en rames et en bobines, dont une bobine de 40 kilomètres de papier de 10 grammes et demi et une de 25 kilomètres de papier de 16 grammes. MM. Braunstein Frères ont fondé, en 1879, une manufacture de cahiers de papier à cigarettes dans laquelle ils créèrent les marques « Dorobantul » et les « Dernières Cartouches », dont la vente prit rapidement une grande extension. Au cours de l'année 1888, M. Jules

Salle des Machines 3 et 4. — Usine de MM. Braunstein Frères, à Gassicourt.

Cahen entra dans la Maison pour s'occuper spécialement des affaires d'exportation. Ce rayon se développa de telle façon que la quantité de papier employé permit d'envisager la construction d'une usine destinée à la fabrication du papier à cigarettes. Cette usine fut construite en 1891 à Gassicourt, près Mantes (Seine-et-Oise), sur un terrain dans lequel on avait découvert des sources abondantes. Mise en marche en 1892 avec deux machines, elle s'accrut

Une travée de l'atelier de fabrication du cahier Zig-Zag.

d'une troisième machine en 1896, d'une quatrième en 1900 et d'une cinquième en 1908. Ces augmentations successives, à intervalles rapprochés, eurent pour cause principale la création du cahier « Zig-Zag », dont la clientèle comprit en peu de temps les fumeurs de l'univers entier. Le système ingénieux suivant lequel ce cahier est confectionné par des machines extrêmement remarquables permet de ne tirer à la fois qu'une seule feuille de papier à cigarettes qui se présente toute pliée pour recevoir le tabac. Dans la manufacture du boulevard Exelmans, 500 ouvrières et 20 ouvriers sont occupés à la confection des cahiers, tandis que l'usine de Gassicourt emploie un personnel qui compte actuellement 550 ouvriers et ouvrières. Le montant total des salaires payés au cours de l'année 1908 dépasse 1 million de francs.

La maison Braunstein et Cie est fournisseur de l'État français et des grandes manufactures de cigarettes dans toutes les parties du monde. Elle produit dans son usine de Gassicourt une moyenne de 400,000 kilogrammes de papier par machine et par an, dont la plus grande partie est destinée à l'exportation. Parmi les nombreuses récompenses obtenues par la maison Braunstein et Cie, nous nous contenterons de citer les plus récentes : Paris 1900, Médaille d'or; Saint-Louis 1904, Grand prix; Liège 1905, Grand prix; Saragosse 1908, Grand prix.

J. BASTOS

à Oran

Dans un kiosque de style arabe s'étagent gracieusement les paquets de cigarettes bien connus en Algérie, en France et en Belgique.

La maison J. Bastos a été fondée en 1839, époque à laquelle elle n'occupait que quelques ouvriers et vendait ses produits exclusivement dans la province d'Oran. Peu à peu, cette vente se répandit à toute l'Algérie, et, en 1880, s'étendit à l'exportation. Aujourd'hui, la maison possède deux manufactures à Oran et une à Bruxelles; emploie de nombreuses machines, occupe un personnel de 800 ouvriers, et fabrique annuellement 300 millions de cigarettes. La maison Bastos a obtenu les récompenses suivantes : Exposition universelle de Chicago, 1893, Hors concours; Paris 1900, Médaille d'or; Saint-Louis 1904, Grand prix; Liège 1905, Grand prix; Colon. Marseille 1906, Grand prix.

Usine Bastos, à Oran.

GRAND PRIX

EUGÈNE BARDOU ET Cie

à Perpignan

Dans une vitrine isolée, de deux mètres de côté, cette maison expose des papiers à cigarettes en rames et en bobines, en cahiers pour tous pays, en paquets de feuilles, avec ou sans impression, papiers bout doré ou argenté, bout cristal, bout liège, des tubes de toutes sortes, papiers parfumés, etc.

Deux éléphants qui agitent leurs têtes attirent l'attention du visiteur sur la célèbre marque « le Nil ».

Cette maison, fondée en 1849, transforme dans sa manufacture de Perpignan le papier à cigarettes qu'elle fabrique notamment dans son usine de Saint-Cybard, et qu'elle répand dans le monde entier grâce à ses succursales en Allemagne, Angleterre, Autriche, Belgique, Brésil, Espagne, États-Unis, Russie, Turquie, etc. La valeur de la production annuelle de la maison atteint 5 millions de francs. Fournissant diverses régies et de grandes manufactures de cigarettes, cette maison a obtenu, depuis l'Exposition universelle de 1855, où elle fut récompensée d'une Mention honorable, 90 Médailles d'or, argent ou bronze, 30 Diplômes d'honneur ou Grands prix, et a été vingt fois Membre du Jury. Tant de succès ont valu au chef de cette importante maison de nombreuses décorations étrangères et la croix de Chevalier de la Légion d'Honneur.

EDMOND HATTERER

à Paris

Expose dans une vitrine d'une élégance raffinée ses cahiers de papier à cigarettes « Persan ». La maison a été fondée en janvier 1863 par M. Joseph Hatterer, qui, le premier, fournit à la consommation des cahiers de papier à cigarettes à couverture cartonnée.

Dans de vastes ateliers aménagés et aérés dans des conditions exceptionnelles d'hygiène, 150 ouvrières et 50 ouvriers sont occupés exclusivement au façonnage des cahiers de papier à cigarettes. Quinze ouvrières et trois ouvriers ont reçu la médaille de trente ans de service. Grâce au perfectionnement du matériel, on est arrivé à fabriquer le « Bloc Persan », cahier cartonné dans lequel le papier, au lieu d'être, comme autrefois, relié à la colle, est retenu par un lacet de caoutchouc qui le maintient jusqu'à la dernière feuille.

L'usine du Bourraz, à Saint-Mars-la-Brière (Sarthe), sur la rivière l'Huisne, possède une machine à papier permettant de fabriquer du papier à cigarettes de 12 à 16 grammes le mètre carré, de la mousseline et de la pelure. La production moyenne en vingt-quatre heures est de 8 à 900 kilogrammes. L'usine occupe 100 ouvriers et ouvrières.

La maison Hatterer a été récompensée de nombreuses Médailles de bronze, argent, or, de Diplômes d'honneur et de Grands prix.

LA SOCIÉTÉ ANONYME DES PAPIERS ABADIE

à Paris

Dans une superbe vitrine qui occupe un panneau tout entier, expose ses papiers à cigarettes en cahiers, en bobines, en rames et en tubes. La maison fut fondée en 1783, et M. Jean-Michel Abadie, qui, en 1824, supprima la colle dans le papier à cigarettes, donna une grande extension à l'usage de ce produit, dont la vente augmenta rapidement, quand, en 1842, on découpa ce papier en feuillets reliés dans un petit carnet.

La Société fabrique son papier sur trois machines dans ses usines du Theil et de Masles (Orne), et livre annuellement à la consommation 500,000 kilogrammes de papier à cigarettes. Elle occupe dans ces usines plus de 200 ouvriers et ouvrières, alors qu'à Paris elle a ses ateliers de façonnage et que 150 femmes travaillent à domicile. Total du personnel, environ 600.

La Société Anonyme des Papiers Abadie, représentée par son administrateur-délégué, M. Michel Abadie, a été Membre du Jury. Hors concours aux Expositions suivantes : Paris 1889, Saint-Louis 1904, et a obtenu en 1900 à l'Exposition universelle de Paris un Grand prix, ainsi qu'en 1905 à l'Exposition internationale de Liège et en 1908 à l'Exposition hispano-française de Saragosse.

RÉGIE FRANÇAISE

Représentée par H. Autran, 21, Mincing Lane, à Londres.

Dans deux élégantes vitrines sont disposés artistiquement des cigarettes, des cigares et des paquets de tabac, fabriqués dans les Manufactures de l'État français.

Le dernier inventaire publié est celui de *l'année 1906*, où les ventes sont ainsi portées :

Cigares. . . .	2,487,590 kilos	pour une valeur de	52,642,956 fr.
Cigarettes. . .	2,521,790	»	71,703,735 »
Tabac Scaferlati	28,388,147	»	264,847,124 »
» en carotte.	1,162,575	»	14,028,178 »
» en poudre.	4,830,656	»	54,646,716 »
	39,390,758 kilos		457,868,709 fr.

Ayant donné un bénéfice net de 376,974,508 francs.

Les ventes à l'étranger figurent pour 303,797 kilogrammes, pour une valeur de 2,844,839 francs.

La Régie française.

On peut se faire une idée du développement considérable qu'a pris la Régie française depuis cinquante ans, en mettant en regard de ces chiffres ceux de *l'année 1856*, où les quantités vendues furent de 25,778,071 kilogrammes pour une valeur de 164,218,310 francs, ayant donné un bénéfice net de 120,975,140 francs.

La vente des cigarettes a augmenté dans des proportions colossales, ayant passé de :

Année 1861,	7,356 kilos	pour la valeur de	161,741 francs.
Année 1907,	2,793,950 kilos	»	79,167,580 francs.

La production du tabac indigène est autorisée dans vingt-six départements; le nombre d'hectares cultivés était, en 1906, de 15,349; le nombre de planteurs5 2,470, qui ont livré 16,188,765 kilogrammes pour une valeur de 15,061,281 francs.

JEANTET-DAVID

à Saint-Claude

Expose une seule pipe, « l'Antidote ». Comme son nom l'indique, cette pipe est disposée scientifiquement de manière à préserver

Usine Jeantet-David, à Saint-Claude.

le fumeur de tout contact avec la nicotine et à supprimer ainsi tout ce que la fumée peut avoir de contraire à l'hygiène.

Cette maison, fondée en 1816, et dont la cinquième génération a actuellement la direction, fabrique spécialement la pipe de bruyère. Elle occupe près de 200 ouvriers et a obtenu de nombreuses récompenses aux Expositions universelles, notamment Londres 1862, Paris 1867, 1878; en 1889, une Médaille d'or; en 1900, une Médaille d'or et Membre du Jury. Les qualités hygiéniques de la pipe « Antidote » ont été reconnues par un Grand prix à l'Exposition de Toulouse en 1908, dans la Classe des Produits pharmaceutiques.

LOUIS CHAMBON, Ingénieur-Constructeur

A rassemblé dans sa vitrine des étiquettes et des couvertures de cahiers de papier à cigarettes imprimées et confectionnées sur

Machine rotative à imprimer, Louis Chambon.

des machines de la construction desquelles il s'est fait une spécialité. M. Louis Chambon a fondé en 1887 l'atelier de constructions mécaniques qu'il dirige actuellement et dont l'importance s'est accrue de telle façon qu'en 1907 le personnel, comprenant 150 ouvriers, a touché 400,000 francs de salaires.

M. Chambon a résolu, par l'automaticité des mouvements, de nombreux problèmes et construit d'ingénieuses machines qui présentent un intérêt tout particulier par l'économie de main-d'œuvre qu'elles permettent de réaliser. Outre les machines mentionnées ci-dessus, on peut citer parmi les plus remarquables celles à faire les paquets de cartes à jouer, à confectionner les tubes en carton et en papier, les tickets du Pari Mutuel, les bobines de papier, etc. M. Chambon a obtenu à l'Exposition universelle de 1889 une Médaille d'argent, à l'Exposition universelle de Lyon 1894 une Médaille d'or, à l'Exposition universelle de Paris 1900 un Grand prix.

DANIEL WEIL

Expose un tableau représentant une machine à cigarettes connue sous le nom de « Machine Venners ». Cette machine produit

Machine à cigarettes Venners

30,000 cigarettes par heure de travail; son fonctionnement est des plus simples, sa construction rustique. Il suffit de deux ouvrières pour alimenter et desservir la machine, et un mécanicien peut aisément en conduire deux ou trois. La Régie française et plusieurs Régies étrangères ont adopté cette machine, dont plus de 80 fonctionnent déjà dans tous les pays du monde. De plus, M. Weil fait construire en France cet appareil, qui, auparavant, ne se construisait qu'à l'étranger : il occupe 21 employés et représentants et 45 ouvriers. M. Weil a été Hors concours, Membre du Jury aux Expositions de Liège 1905, Bruxelles 1906, Bordeaux 1907, Grand prix Saragosse 1908.

MÉDAILLE D'OR

CHAMBRE SYNDICALE DES TABACS ET DES INDUSTRIES QUI S'Y RATTACHENT

Cette Chambre syndicale, fondée en 1905, a obtenu, dès son début, l'adhésion des principaux fabricants de papier à cigarettes et des fabricants algériens de tabacs et de cigarettes qui en a fait immédiatement un des groupements les plus importants de l'Union. Nous donnons plus loin la liste des membres de cette Chambre qui a déjà rendu de grands services, notamment aux constructeurs d'appareils pour la transformation du tabac et la fabrication des cigaretttes.

MÉDAILLE D'ARGENT

E. BROUSSAUD ET A. BONFILS

à Angoulême

Exposent le cahier de papier à cigarettes « Zed », ou, à proprement parler, un étui métallique dans lequel on place un cahier de

E. Broussaud et A. Bonfils, à Angoulême.

papier à cigarettes; une fois le cahier usé, on le remplace par un autre, tandis que le même étui peut servir indéfiniment. Le papier est fabriqué dans l'usine d'Entrechaux, tandis que la transformation en cahiers et la confection des étuis se font à Angoulême. Cette maison a obtenu un deuxième prix à l'Exposition des Tabacs et Industries annexes à Bruxelles en 1906, et une Médaille d'or à l'Exposition coloniale de Vincennes.

ROBERT WEIL

Présente d'une façon tout à fait remarquable une collection de pipes en bruyère montées élégamment. Cette maison, de création récente, a su se faire promptement une place parmi les fabricants travaillant spécialement pour l'exportation, et surtout pour les marchés anglais. Elle occupe dix ouvriers et emploie plusieurs machines mues électriquement.

CHAMBRE SYNDICALE DES TABACS ET DES INDUSTRIES QUI S'Y RATTACHENT

MEMBRES ADHÉRENTS

Négociants-Importateurs et Fabricants de Tabac

MM.

Alban Léon, à Bône (Algérie).
Allatini et Cie, à Marseille.
Bastos J., à Oran (Algérie).
Boca P. et Cie, à Paris.
Brunon Paul, à Marseille.
Climent J. et Cie, à Alger.
Jobert Gustave, à Mostaganem (Algérie).
Karsenty J. et E. Fils et Cie, à Marseille.
Manufacture des Tabacs de l'Indo-Chine (Société Anonyme), à Paris.
Melia M., à Alger.
Myrthil Rose et Cie, à Paris.

Papiers à Cigarettes et autres

MM.

Aubert Gaston, à Paris.
Bardou Eugène et Cie, à Perpignan (Pyrénées-Orientales).

Bardou-Job et Pauilhac, à Toulouse.
Bolloré R. Fils et Cie, Papeteries d'Odet, près Quimper (Finistère).
Borniche R., à Paris.
Braunstein et Cie, à Paris.
Broussaud et Bonfils, à Angoulême.
Chauvin Henri, à Poncé (Sarthe).
Féron G., à Paris.
Gallabru E., à Paris.
Hatterer Edmond, à Paris.
Konelsky L., à Paris.
Lacroix Lucien, à La Couronne (Charente).
Veuve C. Malmenayde, à Paris.
De Mauduit Henry et Cie, à Quimperlé (Finistère)
Prioux P. et Cie, à Paris.
Putois Georges, à Paris, Président de la Chambre Syndicale du Papier et des Industries qui le transforment.
Roses S., à Marseille.
Société Anonyme des Papiers Abadie, à Paris.
Société Anonyme d'Exploitation des Papeteries Lacroix Fils, à Angoulême.
Toussaint H., à Paris.
Trussy et Cie, Marque A. G., à Paris.
Weil D., à Paris. (Voir également machines.)
Wolff, Maunoury et Cie, à Paris.

Machines, Appareils et Accessoires pour l'Industrie du Tabac

MM.

Averbuch J., à Paris.
Chambon Louis, Ingénieur-Mécanicien, 70, rue de Crimée, à Paris.
Dastot E., à Paris.
Girard F., à Paris.
Rivage Denis, à Paris.
Société Industrielle de Photographie, à Rueil (Seine-et-Oise).

Société Industrielle des Téléphones, à Paris.
Société Lyonnaise de Mécanique et d'Électricité, à Paris.
Testut Ch. Fils et Frères, à Paris.
D. Weil, à Paris.

Imprimeurs-Lithographes

MM.

Jenin, à Paris.
Jouet Paul, à Paris.

Négociants-Exportateurs

MM.

Levy Hermanos, à Paris.
Veuve J. Schupp et Cie, à Paris.

Divers

Chauveau G., Ingénieur, à Paris.

Cartonnages

Nerson Ainé, Fabrique de Cartonnages, à Aubervilliers.

Fabricants de Pipes

Jeantet-David, à Saint-Claude-sur-Bienne (Jura).

DESCRIPTION DE L'EXPOSITION

GRANDE-BRETAGNE

GRAND PRIX

GODFREY PHILIPPS & SONS

112, Commercial Street. LONDON E.

Dans un pavillon de dimensions considérables, ont établi une fabrique en miniature de tabac et de cigarettes. Des balles de feuilles de tabac telles qu'elles arrivent de Turquie ou de Virginie sont ouvertes, triées, hachées pour la pipe ou la cigarette. Une machine fait automatiquement les paquets de tabac; une autre confectionne les cigarettes et la célèbre marque BDV est ainsi offerte au fumeur sous toutes ses formes. Cette maison, fondée en 1844, a pris un développement considérable et occupe actuellement près de 400 ouvriers et employés. Elle a obtenu à l'Exposition Internationale des tabacs à Londres 1895 sept Médailles d'or et deux Médailles d'argent.

DIPLOME D'HONNEUR

ARDATH TOBACCO COMPANY LTD

43/51 Worship Street et 1/3 Paul Street. LONDON E. C.

Cette maison a installé un pavillon très élégant pour la vente de ses tabacs et de ses cigarettes, qu'un grand nombre d'ouvriers et d'ouvrières, tous vêtus de blanc, confectionnent à la main sous les yeux du public. Elle a obtenu une renommée universelle pour ses cigarettes « State Express », faites avec des tabacs dont les feuilles sont choisies avec un soin tout particulier, et dont le mélange est adroitement dosé par d'habiles experts. Dans une manufacture récemment construite et dans laquelle les salles de travail sont remarquablement ventilées et installées de la façon la plus hygiénique, 800 ouvriers et ouvrières préparent le tabac à fumer en

Manufacture de la Ardath Tobacco Company, Londres.

paquets pour la pipe et la cigarette et confectionnent les cigarettes à la main. Les bureaux, dont l'ameublement et les cloisons sont en acajou massif, donnent, avec leur nombreux personnel de comptables, l'impression d'une grande banque.

L'Ardath Tobacco Company a été récompensée de plusieurs Médailles d'or à l'Exposition internationale de Christchurch (Nouvelle-Zélande), en 1906-1907.

Ardath Tobacco Company, à Londres.

B. MURATTI SONS & C° LTD

54, Whitworth Street, MANCHESTER

Établie à Constantinople en 1821, sous la raison sociale B. Muratti et Cie, cette maison vendait le tabac en feuilles aux diverses Régies européennes. Elle fonda en 1886 une succursale à Manchester et fut la première à fabriquer et mettre en vente en Angleterre des cigarettes de tabac turc. La qualité exceptionnelle de ses produits fut rapidement appréciée et sa renommée se répandit dans tout l'Empire britannique et à l'Étranger, notamment en France, où les cigarettes Ariston sont très appréciées. Elle occupe un personnel d'environ 500 ouvriers.

ABDULLA & COMPANY LIMITED

9, New-Bond Street. LONDON

Dans un pavillon mauresque des plus élégants, cette Société vend des cigarettes d'un luxe raffiné, à bout entouré d'un pétale de rose ou d'une feuille d'or pur, et contenant du tabac de Virginie de toute première qualité. Elle occupe 374 ouvriers et employés. Fondée en 1902, elle a obtenu une Médaille d'or à Londres 1904, une Médaille d'or au Cap 1905, une Médaille d'or à Liège 1906, trois Médailles d'or à Christchurch (Nouvelle-Zélande) 1907, Grand prix à Bruxelles 1907.

MAJOR DRAPKIN & C°

5, Jewry Street. LONDON

Dans un coquet petit pavillon, ont exposé et mis en vente leurs cigarettes fabriquées sur place automatiquement par une machine des plus perfectionnées. On remarquait les cigarettes de tabac turc « Majorides », celles de tabac de Virginie « Garden Club » et de tabac de la Havane « Lunaria ». Ils occupent tant à la fabrication des cigarettes qu'à celle du tabac à fumer un personnel de 300 ouvriers.

SADLER & MOORE

Bishopsgate. LONDON

Cette maison, fondée en 1894 sous le nom de Moslem Cigarette Co Ltd, expose des tabacs à fumer, véritables chefs-d'œuvre de mixture de différentes sortes de tabacs garantis purs, c'est-à-dire sans addition d'aucun parfum artificiel, et notamment la « Service Mixture », composée par le colonel A. J. Hepper D. S. O. R. E. Quant aux cigarettes, elles sont toutes faites à la main avec du tabac de Virginie. Elle occupe 56 ouvriers et a été récompensée d'une Médaille d'or et d'un certificat de Mérite à l'Exposition du Queensland en 1897.

MÉDAILLE D'ARGENT

COOPERATIVE WHOLESALE SOCIETY LTD

1, Balloon Street. MANCHESTER

C'est une fédération de 1,139 sociétés coopératives vendant au détail, qui fut fondée en 1864. Elle est à la fois négociant en gros et fabricant et partage les bénéfices entre les actionnaires, qui sont les seuls clients.

Nombre de Sociétés coopératives actionnaires	1,139	
Nombre de membres	1,768,935	
Capital actions versé	37,000,000	fr.
Prêts et dépôts	71,425,000	»
Fonds de réserve	10,425,000	»
Fonds d'assurance	16,000,000	»
Ventes dans l'année 1907	619,664,200	»
Bénéfices nets pour 1907	12,200,000	»
Produits manufacturés dans les usines de l'Association en 1907	150,000,000	»
Nombre d'employés et ouvriers	17,000	

Elle a une Société de Secours mutuels à laquelle les employés versent 3 3/4 0/0 et l'Association 2 1/2 0/0 du montant des salaires.

Elle expose des cigares, des cigarettes, des tabacs à fumer et à priser.

MENTION HONORABLE

MALCAJIK CIGARETTE COMPANY

35, Endell Street. LONDRES W. C.

Fondée en 1906, cette maison expose dans un kiosque où elle les met en vente des cigarettes faites à la main de tabac turc et de tabac de Virginie.

MOUSTAPHA & Cie LTD

2, Great Marlborough Street. LONDRES

Établie en novembre 1907, cette Société expose des cigarettes de tabac turc et de tabac de Virginie, dont celles portant la marque « Black et White » ont un vif succès. Elle emploie 15 ouvriers et employés.

COLONIES BRITANNIQUES

GRAND PRIX

SPENCER & Cᵒ LTD

MADRAS. *Indes*

Exposent dans une superbe vitrine des cigares de leurs marques les plus connues. Tous ces cigares sont faits à la main dans leurs fabriques de Dindigul, où ils emploient 2,500 ouvriers, tandis que leur fabrique de Madras et ses succursales occupent 3,000 personnes. Le village de Dindigul, autrefois sans importance, est devenu une petite ville notable grâce à la fabrique que Spencer et Cᵒ y ont construite et qui est la plus grande des Indes. Cette maison a été récompensée de Médailles d'argent et Médailles d'or aux Expositions de Madras 1891-5, Tasmanie 1894-5, Afrique du Sud 1892, Exposition de l'Empire des Indes à Londres 1895-6, Exposition universelle Paris 1900.

MÉDAILLE D'OR

Mc DOWELL & Cᵒ LTD

MADRAS. *Indes.*

Exposent des cigares renommés pour la régularité de leur fabrication et la sélection des feuilles de tabac. Ils ont obtenu à Adelaïde 1887 un diplôme de Mérite, Médaille d'or à l'Exposition de l'Empire des Indes à Londres 1895-6.

MÉDAILLE D'ARGENT

A. SCOTT & Cº

RANGOON.

Maison, fondée en 1855, expose des « Cheroots birmans » dont la marque — un tigre accroupi — est des plus appréciées dans toute la Birmanie. Elle emploie un nombreux personnel indigène et 7 Européens. Cette marque a été récompensée d'une Médaille et d'un Diplôme à l'Exposition coloniale et indienne de 1886.

MÉDAILLE D'ARGENT

BURT & Cº

BRISBANE

Leur vitrine contient du tabac à mâcher et à fumer qui vient des plantations du Queensland.

MÉDAILLE DE BRONZE

C. WALTHALL

BRISBANE

Expose du tabac manufacturé à mâcher et fumer, et des cigares.

MENTION HONORABLE

MINISTÈRE DE L'AGRICULTURE

South Australia.

A envoyé un bel assortiment de feuilles de tabac non préparé et qui a vivement intéressé les fabricants de tabac anglais.

MISSION DE NEW-NORCIA

Australie Occidentale.

Expose divers produits du pays, et notamment du tabac à priser très renommé et d'un parfum exquis autant que doux.

LISTE DES RÉCOMPENSES

FRANCE

Hors Concours

BARDOU-JOB ET PAUILHAC, à Toulouse.
J. BASTOS, à Oran.
BRAUNSTEIN ET Cie, à Paris.

Grand Prix

BARDOU Eugène ET Cie, à Perpignan.
CHAMBON Louis, à Paris.
HATTERER Edmond, à Paris.
JEANTET-DAVID, à Saint-Claude.
RÉGIE FRANÇAISE, à Paris.
SOCIÉTÉ ANONYME DES PAPIERS ABADIE, à Paris.
WEIL Daniel, à Paris.

Médaille d'Or

CHAMBRE SYNDICALE DES TABACS ET DES INDUSTRIES QUI S'Y RATTACHENT, à Paris.

Médaille d'Argent

Broussaud E. et Bonfils A., à Angoulême.
Weil Robert, à Paris.

GRANDE-BRETAGNE

Grand Prix

Godfrey Philipps & Sons, à Londres.

Diplôme d'Honneur

Abdulla & Co Ltd, à Londres.
Ardath Tobacco Co Ltd, à Londres.
Muratti B., Sons & Co Ltd, à Manchester.

Médaille d'Or

Drapkin Major & Co, à Londres.
Sadler & Moore, à Londres.

Médaille d'Argent

The Wholesale Cooperative Co Ltd, à Manchester.

Mention Honorable

MALCAJIK Cigarette C°, à Londres.
MOUSTAFA & C° LTD, à Londres.

COLONIES BRITANNIQUES

Grand Prix

SPENCER & C°, à Madras.

Médaille d'Or

Mc DOWELL & C° LTD, à Madras.

Médaille d'Argent

BURT & C°, à Brisbane.
SCOTT & C°, à Rangoon.

Médaille de Bronze

WALTHALL E. & C°, à Brisbane.

Mention Honorable

MINISTÈRE DE L'AGRICULTURE, South-Australia.
NEW-NORCIA MISSION, Western-Australia.

CONCLUSIONS

Nous ne pouvons pas établir de comparaison entre les produits français exposés dans la Classe 91 et les produits anglais de la même Classe. En effet, les Anglais n'ont point exposé de papier à cigarettes, car ils n'en fabriquent point, et ils avaient exposé les pipes dans la Classe 98.

Quant au tabac manufacturé, à part la Régie française, nous n'avions qu'un seul exposant pour lutter contre la brillante manifestation anglaise. Et encore, est-il nécessaire d'ajouter que ni les grands Syndicats britanniques ou anglo-américains, ni les plus puissantes maisons anglaises ou irlandaises qui n'appartiennent pas au Syndicat n'ayant exposé, le groupe des exposants ne représentait qu'une très faible portion de l'Industrie du Tabac dans l'Empire britannique.

Nous pouvons ici comparer les résultats de la libre fabrication et du commerce libre à ceux que donne le monopole.

	1906	1907
Bénéfices réalisés par le monopole français	376,974,508	386,306,913
Montant de l'impôt payé sur le tabac importé en Grande-Bretagne calculé à 25 fr. 20 la livre.	364,174,750	381,437,760

Donc, l'État britannique tire de l'industrie libre du tabac à peu près le même bénéfice que l'État français obtient du monopole.

Mais, où l'immense supériorité de la liberté de l'industrie s'impose de manière irréfutable, c'est quand on considère les bénéfices considérables réalisés par l'industrie privée. Pour ne prendre qu'un seul exemple, voici les bénéfices nets de l'Imperial Tobacco Company :

En 1906, réserve pour pensions de retraite . . .	2,500,000	francs.
Versé au fonds de réserve	6,250,000	—
On a distribué.	34,000,000	—
Bénéfices . .	42,750,000	francs.
En 1907, réserve pour pensions de retraite. . . .	2,500,000	francs.
Versé au fonds de réserve.	6,250,000	—
On a distribué	37,500,000	—
Bénéfices . .	46,250,000	francs.

On peut juger par là de l'importance des bénéfices réalisés par l'ensemble des fabricants de tabacs du Royaume-Uni dont les capitaux sont presque exclusivement britanniques.

Quant aux tabacs destinés à être réexportés, ils ne paient pas de droits et sont manufacturés dans des usines spéciales, emmagasinés dans des locaux spéciaux (Bonded warehouses, Bonded factories).

Comparons les quantités exportées de Grande-Bretagne à celles exportées par le monopole français :

GRANDE-BRETAGNE		FRANCE	
1906	3,100,000 kilos.	1906	303,797 kilos.
1907	4,130,000 »	1907	296,135 »

C'est ainsi que la liberté favorise l'essor d'une industrie florissante et que l'État y trouve le double avantage de percevoir des droits énormes et de toucher l'impôt sur les revenus considérables des industriels.

Liberté également pour l'exploitation des lignes de chemins de fer, et là encore éclate la supériorité du régime libre sur celui du monopole. Quatre lignes assurent concurremment les communications d'Angleterre en Écosse, par exemple. Il en résulte que chacune d'elles, cherchant à attirer à soi le trafic, offre des avantages de plus en plus grands aux voyageurs ou aux expéditeurs, trains rapides et nombreux, troisième classe dans tous les express avec wagons-couloirs et wagons-restaurants, départ et arrivée à l'heure exacte, voies solides et parfaitement entretenues. Tout est compris pour le confort du voyageur, et la Compagnie est à son service au moyen d'un nombreux personnel qui, à l'arrivée des trains, se précipite pour ouvrir les portières et porter les colis sur les voitures de place qui stationnent dans la gare même, le long des voies d'arrivée.

. . . .

Allons donc fréquemment chez nos amis anglais y prendre des leçons de liberté et de respect de la liberté d'autrui. Envoyons-y nos enfants pour y apprendre la langue et s'y créer des relations amicales. Ce seront nos meilleurs voyageurs, car il est nécessaire, pour faire des affaires importantes en Grande-Bretagne, de parler la langue anglaise et d'y avoir des relations personnelles. Habituons-nous à manier facilement leur monnaie et leurs mesures (car c'est une utopie que de compter sur une adoption prochaine du système décimal, malgré l'entente cordiale), et faisons tous nos efforts pour que celle-ci ne soit pas une simple expression politique, mais se réalise complètement entre négociants et industriels français et anglais pour leur bénéfice réciproque.

TABLE DES MATIÈRES

www.ingramcontent.com/pod-product-compliance
Lightning Source LLC
LaVergne TN
LVHW010103230826
846091LV00005B/2068

9782019920159